BEI GRIN MACHT SICH IHR
WISSEN BEZAHLT

Bibliografische Information der Deutschen Nationalbibliothek:

Die Deutsche Bibliothek verzeichnet diese Publikation in der Deutschen National-
bibliografie; detaillierte bibliografische Daten sind im Internet über http://dnb.d-
nb.de/ abrufbar.

Impressum:

Copyright © 2018 GRIN Verlag
Druck und Bindung: Books on Demand GmbH, Norderstedt Germany
ISBN: 9783668750043

Dieses Buch bei GRIN:

https://www.grin.com/document/432629

Doreen Simon

Zu Hegels Ästhetikkonzeptionen. Das zeitlos Schöne und die Trias des Geistes

GRIN Verlag

GRIN - Your knowledge has value

Der GRIN Verlag publiziert seit 1998 wissenschaftliche Arbeiten von Studenten, Hochschullehrern und anderen Akademikern als eBook und gedrucktes Buch. Die Verlagswebsite www.grin.com ist die ideale Plattform zur Veröffentlichung von Hausarbeiten, Abschlussarbeiten, wissenschaftlichen Aufsätzen, Dissertationen und Fachbüchern.

Besuchen Sie uns im Internet:

http://www.grin.com/

http://www.facebook.com/grincom

http://www.twitter.com/grin_com

Wintersemester 2017/18

Projektarbeit

Simon, Doreen

Studiengang: Master Philosophie

                    1. Fachsemester

Modul: Probleme der Philosophie 1

                    (pr1, 06-003-307-3)

Seminar: Philosophie und Musik

Titel: Zu Hegels Ästhetikkonzeptionen -

                    Das zeitlos Schöne und die Trias des

                    Geistes

Inhaltsverzeichnis

Einleitung

Musik gehört bei nahezu jedem Menschen zum alltäglichen Leben und für jedes Lebensereignis, egal ob traurig, fröhlich, festlich, leger, oder welche Stimmung auch immer, scheint es die passende Musik zu geben. In diesem Pool unterschiedlicher Musikrichtungen ist also für so ziemlich jede musikalische Vorliebe etwas dabei. Natürlich können diese Vorlieben wechseln, je nach dem, welche Instrumente und Musikrichtungen in den verschiedenen Kulturkreisen traditions- oder modebedingt bevorzugt werden und inwieweit sich ein Mensch von der musikalischen Tradition seines Kulturkreises sowie vom jeweiligen Musiktrend beeinflussen lässt.

Aber gibt es unabhängig von irgendeiner Mode oder irgendwelcher musikalischer Vorlieben objektive bzw. verallgemeinerbare Kriterien dafür, dass ein musikalisches Werk als schön gilt, sozusagen zeitlos und über jede Mode sowie Vorliebe erhaben? Wenn ja, unter welchen Bedingungen kann Musik als wahrhaft zeitlos schön gelten, wenn bedacht wird, dass Menschen aufgrund von Emotionen zeitweise diese und bald jene Musik als schön empfinden könnten? Dies zu untersuchen ist das Vorhaben dieser Projektarbeit. Das geschieht hauptsächlich mit Hilfe von G.W.F. Hegels Perspektiven dazu, sowie mit Ferdinand Zehentreiters Ansichten.

Im ersten Kapitel geht es zunächst darum, den allgemeinen Charakter von Musik darzustellen. Das heißt, gemäß Hegel soll ganz allgemein aufgezeigt werden, aus welchen basalen Elementen sich Musik zusammensetzt, sodass Wohlklang für das menschliche Gehör entsteht. Es wird hierbei gleichzeitig darauf Bezug genommen, was Hegel unter Musik als wahrer Kunst versteht.

Danach wird im zweiten Kapitel die wesentliche Funktion von Musik thematisiert, genauer gesagt, das was mit dem Komponieren von Musikstücken in der Regel bezweckt wird und auf welche Weise dies umsetzbar ist, um Musik anschlussfähig/ verstehbar zu gestalten.

Daran anknüpfend erfolgt, basierend auf Hegels Ansichten dazu, im dritten Kapitel eine Auseinandersetzung dergestalt, auf welche Weise sowie in allgemeiner Hinsicht das Wesen eines Menschen und Musik miteinander in Verbindung stehen. Darauf aufbauend soll anschließend untersucht werden, ob und wie, sowohl subjektiv als auch objektiv sinnvoll behauptet werden kann, musikalische Werke gelten für Menschen als schön aufgrund deren Vorstellungen von schöner Musik. Hierbei ist von besonderem Interesse, mit Hegel sowie Ferdinand Zehentreiter eventuell vorhandene Möglichkeiten dahingehend herauszufinden, ob bestimmte bzw. einige subjektive wie objektive Ideale, für schöne Musik als zeitlos, unabhängig von irgendwelchen musikalischen Modeerscheinungen, und damit als absolut gültig, bezeichnet werden können. Kriterien für zeitlos, absolut schöne Musikstücke in den im Literaturverzeichnis aufgeführten Werken von Hegel und Zehentreiter ausfindig zu machen, ist das Hauptziel dieser Arbeit und gleichzeitig ein spannendes Unterfangen, welches hoffentlich gelingt.

Abschließend werden markante Positionen in zusammenfassender Weise kritisch reflektiert und Ergebnisse dieser Projektarbeit hervorgehoben. Des Weiteren möchte ich darauf hinweisen, dass das Ziel meiner Arbeit darin besteht, überblicksartig das Wesentliche des ihr zu Grunde liegenden Themas zu erfassen sowie möglichst nachvollziehbar darzulegen.

1. Allgemeiner Charakter der Musik

Der allgemeine Charakter von Musik zeigt sich nach Hegel darin, dass sie wohlklingend bzw. harmonisch sein muss, um als solche zu gelten. Harmonisch klingt ein Musikstück, sofern die in ihm enthaltenen Töne regelmäßig wiederkehren/ symmetrisch eingesetzt bzw. auf dem entsprechenden Instrument gespielt werden.[1]

Harmonische Klänge in einem Musikstück sind ebenfalls daran erkennbar, dass es miteinander gegensätzlich klingende Töne/ Dissonanzen gibt. Wenn Vorstellungen über Dissonanzen existieren, dann logischerweise auch über Harmonien in der Musik. Das Gegenteil des einen hebt das andere hervor und umgekehrt. Daran wird klar, dass Dissonanzen und Harmonien bzw. Regelverstöße und Regeln sich wechselseitig voraussetzen.[2]

Jene klanglichen Gegensätze/ Dissonanzen können vorkommen, weil es dem Einzelnen

---

1 Vgl. G.W.F. Hegel, Vorlesungen über die Ästhetik III, S. 139.
2 Vgl. G.W.F. Hegel, Vorlesungen über die Ästhetik III, S. 167, 189.

überlassen bleibt, aus seiner Phantasie heraus statt Harmonien auch Dissonanzen mittels dem Zusammenspiel verschiedener, nicht zueinander passender Töne hervorzubringen. Er steht ihm zwar frei, welche Töne auch immer einzusetzen, aber für Hegel enthält ein wahres Kunstwerk notwendigerweise ein harmonisches Zusammenspiel von Tönen bzw. dessen harmonische und symmetrische Anordnung im musikalischen Werk.[3]

Dies in einem musikalischen Werk zu erreichen/ ein wahres Kunstwerk zu erschaffen, würde demnach für den betreffenden Komponisten bedeuten, seine Phantasie entsprechend zurück zu halten, sie beim Komponieren nicht willkürlich zu gebrauchen, sodass Töne nicht wahllos sondern strukturiert eingesetzt werden. Daraus folgt unter Umständen eine Art innerer Konflikt beim Komponisten, je freier/ unstrukturierter seine Phantasie ausgeprägt und demnach umso mehr gegen Regeln zur Erzeugung klanglicher Harmonie sowie Symmetrie gerichtet ist. Hegel schreibt hierzu sogar vom Kampf der Freiheit und Notwendigkeit und beschreibt dies wie folgt:

„Es ist dies ein Kampf der Freiheit und Notwendigkeit: ein Kampf der Freiheit der Phantasie, sich ihren Schwingen zu überlassen, mit der Notwendigkeit jener harmonischen Verhältnisse, deren sie zu ihrer Äußerung bedarf und in welchen ihre eigene Bedeutung liegt." [4]

Damit erklärt Hegel weiter, dass die Entstehung eines wahren musikalischen Kunstwerks sogar davon abhängt, dass zuvor die Phantasie reglementiert und damit in eine für die Schaffung eines wahren Kunstwerks entsprechende Form gebracht wird. Erst wenn ein Komponist/ Musiker Regeln der Harmonie und Symmetrie beim Komponieren einer Komposition, welcher Musikrichtung auch immer, einhält sowie dabei seine Phantasie unter Beachtung dieser Regeln mit einbringt bzw. daraus resultierende Ideen, dann sind, gemäß des obigen Zitats von Hegel, die Bedingungen gegeben, jene Ideen in durchdachter und dadurch auf wohlklingende Weise musikalisch umzusetzen.[5]

Würde ein Mensch lediglich unter Anwendung seiner Phantasie sowie der daraus

---

3 Ebd., S. 189.
4 Hegel, Vorlesungen über die Ästhetik III, S. 189.
5 Vgl. G.W.F. Hegel, Vorlesungen über die Ästhetik III, S. 151.

hervorgehenden Ideen und somit ohne Kenntnis musikalischer Gesetzmäßigkeiten/ ohne zu wissen, welche Töne zueinander passen, Musik machen wollen, würde dies obiger Logik zufolge und nachvollziehbarer Weise höchstwahrscheinlich keinem harmonisch klingenden Musikstück und damit keiner wahren Kunst entsprechen oder wenn doch, dann nur zufällig. Aber Musik als wahre Kunst muss in ihrer Funktionsweise vom menschlichen Verstand begriffen sein, was nicht bedeutet, dass Phantasie in der Musik nichts zu suchen hat. Sie darf aufgrund bisheriger Erläuterungen nur nicht alleiniger Bestandteil in der Musik sein. Sonst würde es musikalischen Werken an Tiefe bzw. geistigem Inhalt fehlen. Dadurch wird die von Hegel betonte Notwendigkeit musikalischer Gesetzmäßigkeiten umso deutlicher.[6]

Hiermit wird bereits angedeutet, dass der dargestellte Inhalt/ Charakter von Musik nicht nur von Regeln, sondern ebenso von der subjektiven Verfassung des jeweiligen Musikers abhängt. Mit subjektiver Verfassung sind beispielsweise Phantasie oder Emotionen gemeint. Aber hierauf, inwiefern Musik wesentlich mit der subjektiven geistigen Beschaffenheit eines Menschen, welcher sie hervorbringt, zu tun hat, wird im nächsten Kapitel dieser Arbeit näher eingegangen. Zum Charakter von Musik als wahrer Kunst sei jedoch an dieser Stelle festzuhalten, dass Musik, wie aus den vorigen Äußerungen klar geworden sein dürfte, sowohl das Subjektive des jeweiligen Musikers als auch die vom ihm verstandesmäßig begriffenen Regeln enthält bzw. vereint.[7]

Es gibt noch weitere Regeln bzw., wie Hegel es formuliert, musikalische Ausdrucksmittel, welche den Charakter von Musik prägen und damit auch das Verhältnis der im musikalischen Werk vorkommenden Töne zueinander. Dazu zählen Zeitmaß, Takt und Rhythmus.[8] Eine Erklärung jener drei aufgeführten Ausdrucksmittel erfolgt nur ganz allgemein, weil hier eine philosophische und daher auf dem Gebiet der Musik zwangsläufig allgemeine Auseinandersetzung mit musiktheoretischen Begriffen beabsichtigt ist. Des Weiteren wäre für eine tiefergehende Auseinandersetzung mit obigen musikalischen Fachbegriffen aufgrund mangelnder musikalischer Fachkenntnis nicht möglich. Und es würde zu sehr vom eigentlichen Thema dieser Projektarbeit abgewichen werden.

---

6 Ebd., S. 162.
7 Vgl. G.W.F. Hegel, Vorlesungen über die Ästhetik III, S. 139, 149.
8 Ebd., S. 162.

Das Zeitmaß gibt das Tempo der Musik an.[9] Anhand des Takts ist erkennbar, innerhalb welcher Zeit, wie lange, die im Musikstück verwendeten Töne erklingen oder wann nicht, was bei einer sogenannten Unterbrechung der Fall ist. Je nach dem welcher Takt ausgewählt wurde, danach richtet sich die zeitliche Anordnung sowie regelmäßige Wiederholung der Töne in der gesamten Komposition. Hegel vergleicht zur Veranschaulichung die beim Takt vorkommende Regelmäßigkeit mit der in der Architektur, wo Architekten beispielsweise Säulen so anordnen, dass diese in gleichen Abständen nebeneinander stehen.[10] Beim Rhythmus kommt es wiederum darauf an, bestimmte Takte hervorzuheben und andere weniger intensiv erscheinen zu lassen. Auf diese Weise wirkt ein Musikstück lebendig, ruhig, etc. Es wird gemäß Hegel belebt.[11]

Unter Berücksichtigung und Einbindung obiger musikalischer Ausdrucksmittel sollen die verschiedenen Töne zusammengeführt, klangliche Gegensätze mit ihnen erzeugt und miteinander vermittelt werden, sodass ein harmonisches Ganzes bzw. eine insgesamt harmonisch klingende/ wohlklingende Komposition entsteht. Mit Vermittlung von Tönen meint Hegel, meiner Lesart folgend, einerseits passende klangliche Übergänge zwischen zueinander gegensätzlich klingenden Tönen, die dank dieser Übergänge an geeigneter Stelle in einer Komposition dennoch ein harmonisch Ganzes ergeben.[12] Damit sollte deutlich geworden sein, weshalb Hegel diese musikalischen Ausdrucksmittel zu den Bestandteilen der Lehre der Harmonie zählt.[13]

Daran anschließend, dürfte gut nachvollziehbar sein, wieso Hegel davon ausgeht, dass Töne sich gegenseitig bedingen. Das heißt, je nach dem, welche Töne in einer Komposition gesetzt werden, danach richtet sich, welche Töne wiederkehren und als musikalisches Gesamtkonstrukt ein symmetrisches Muster darstellen sowie daraus folgend eine von Regelmäßigkeit geprägte einheitliche Komposition.[14]

Das gleiche was für Töne gilt, ihr gegenseitiges sich Bedingen, stimmt ebenso für den Einsatz/ die Auswahl von Instrumenten, was sich auch auf den Charakter des jeweiligen

---

9 Ebd., S. 164.
10 Ebd., S. 166.
11 Ebd., S. 163, 168.
12 Vgl. G.W.F. Hegel, Vorlesungen über die Ästhetik III, S. 172.
13 Ebd., S. 162.
14 Ebd., S. 166.

7

musikalischen Werkes auswirkt. Denn für unterschiedliche Tonlagen bzw. Töne sind logischerweise verschiedene Instrumente nötig. Demnach beeinflussen selbstverständlich auch Instrumente den Charakter eines musikalischen Werkes. Somit hat dies Hegel zufolge, genauso wie das bei der Anordnung von Tönen der Fall ist, Auswirkungen auf den Einsatz des entsprechenden Instruments in einer Komposition. Welches Instrument eingesetzt wird bestimmt sich folglich anhand der zuvor und danach eingesetzten Instrumente sowie nach der klanglichen Eigenart des jeweiligen Instruments, mit welchem eine bestimmte Stimmung umgesetzt werden soll, oder nach den Instrumenten, die erneut an bestimmten Stellen einer Komposition auftauchen sollen. Aufgrund der klanglichen Eigenart eines Instruments ist demnach bereits das darauf folgende Instrument absehbar, welches vom Ton her zum vorigen Klang passt. Dies stellt gemäß Hegels Erläuterungen ein gegenseitiges klangliches Vorbereiten der einzusetzenden Instrumenten dar.[15] Er bezeichnet dies als eine Art von Dialog zwischen Instrumenten und drückt dies, sich dabei auf Mozarts Symphonien beziehend, folgendermaßen viel detaillierter und somit anschaulicher aus:

„So ist mir z. B. in den Symphonien Mozarts, [...] der Wechsel der besonderen Instrumente oft wie ein dramatisches Konzertieren, wie eine Art von Dialog vorgekommen, in welchem teils der Charakter der einen Art von Instrumenten sich bis zu dem Punkte fortführt, wo der Charakter der anderen indiziert und vorbereitet ist, teils eins dem anderen eine Erwiderung gibt oder das hinzubringt, was gemäß auszusprechen dem Klange des Vorhergehenden nicht vergönnt ist, so daß hierdurch in der anmutigsten Weise ein Zwiegespräch des Klingens und Widerklingens, des Beginnens, Fortführens und Ergänzens entsteht.“ [16]

Bisher wurde darüber reflektiert, dass beim Komponieren Töne und Instrumente derart eingesetzt werden, dass ein harmonisches Ganzes bzw. eine harmonische Gesamtkomposition entsteht. Aber wie begründet Hegel eigentlich die Notwendigkeit von Harmonie in der Musik? Er behauptet diesbezüglich, das Einhalten von musikalischen Gesetzen der Harmonie bilde die Grundlage bzw. Voraussetzung für eine Melodie.[17] Töne

---

15 Vgl. G.W.F. Hegel, Vorlesungen über die Ästhetik III, S. 174, 176, 184.
16 G.W.F. Hegel, Vorlesungen über die Ästhetik III, S. 176.
17 Vgl. G.W.F. Hegel, Vorlesungen über die Ästhetik III, S. 185.

müssen demzufolge auf harmonische Weise miteinander klingen, um ihren Klang uneingeschränkt entfalten und eine Melodie bilden zu können. Sofern dies alles beim Komponieren Berücksichtigung findet, entstehe nach Hegel eine große, wahre Komposition,[18] mit Wohlklang für das menschliche Gehör.

2. Wesentliche Funktion von Musik

Der wesentliche Zweck bzw. die Hauptaufgabe von Musik liegt im hegelschen Sinne darin, dass ein Musiker mit den bereits benannten musikalischen Mitteln seine innere Verfassung dem potentiellen Hörer im Musikstück vermittelt. Dazu gehören beispielsweise Gefühle, aus Phantasien resultierende Ideen u.s.w.[19] Musiker haben hierbei jedoch darauf zu achten, jenen Inhalt, den sie in ihrem musikalischen Werk zu transportieren/ vermitteln beabsichtigen, anderen Menschen klar erkennbar darzustellen/ für eventuelle Hörer begreiflich zu machen.[20]

Wenn dies nicht geschehen würde, wäre Musik demnach viel zu mystisch bzw. um einiges weniger verstehbar, weil nicht vorausgesetzt werden kann, dass Hörer den entsprechenden Musiker gut genug oder überhaupt kennen, um sich selbst zu erschließen, welche Botschaft sich in dieser Musik verbirgt. Das kann dazu führen, dass Menschen in dieser Art von Musik keine Ähnlichkeit mit ihrer inneren Verfassung, bspw. Gefühle, erkennen, weil sie nicht verstehen, was sie hören, jene Musik erscheint ihnen fremd. Diese Musik wird sie folglich emotional nicht berühren. Hegel bekräftigt dies, indem er meint, nur vom Hörer begriffene Musik mache diesen lebendig.[21]

Verständlich ist, dass Musik das Innere eines Musikers nur abstrakt, also nicht vollständig, darzustellen vermag. Dennoch heißt das nicht, dass ein Musikstück nicht eine tiefere Bedeutung vermitteln kann. Im Gegenteil, Hegel erklärt, ein Musiker könne seinem

---

18 Ebd., S. 187.
19 Vgl. G.W.F. Hegel, Vorlesungen über die Ästhetik III, S. 135.
20 Ebd., S. 149.
21 Ebd., S. 149.

musikalischen Werk Tiefe verleihen, indem er seine innere Verfassung möglichst klar und vollständig in Musik umzusetzen versucht, demzufolge nicht auf eine oberflächliche/ verkürzte Weise. Dies setzt jedoch bei Hegel voraus, dass der Musiker um seine genaue innere Verfassung weiß, diese begriffen hat und geistig in der Lage ist, jene in Musik zu übersetzen.[22]

Abgesehen von der inneren Verfassung des Musikers betont Hegel auch hinsichtlich der Vermittlung musikalischer Inhalte, auch wenn sie subjektiv sind, wie wichtig es ist, dabei musikalische Gesetze nicht außer Acht zu lassen. Mit Bezug auf die Phantasie wurde im ersten Kapitel schon erwähnt, dass der Musiker nicht nur bei sich bleiben darf, sondern seine Inhalte/ Ideen angelehnt an musikalische Gesetzmäßigkeiten gut erkennbar in Musik zu übersetzen hat. Hegel bezeichnet dies als eine Einheit von Subjektivität mit Objektivität bzw. der Subjektivität des Musikers mit jenen Gesetzmäßigkeiten.[23] Diese Einheit schließt unter dieser Bedingung bloße Willkür beim Komponieren musikalischer Werke aus.[24]

Willkür ist aber unter einer anderen Perspektive wiederum doch vorhanden. Hegel zufolge überkomme den Musiker bzw. Künstler das Gefühl der Begeisterung durch Zufall, ohne Einfluss darauf nehmen zu können. Falls dieses Gefühl den Musiker während der Übersetzung seines subjektiven Inhalts in Musik, beim Komponieren, überkommen sollte, wäre jenes Musikstück auch davon beeinflusst, demnach von Objektivität, Subjektivität und Zufall.[25]

3.   Musik als Abbildungsversuch

3.1   Musikalische Nachahmung des Wesens des Menschen

Die vorigen Ausführungen über jene Einheit von Subjektivität und Objektivität werden nun mit Hegels Erklärungen weitergedacht. Dabei kommt es darauf an, einen Zusammenhang zwischen Musik und dem, was den Menschen als Gattung seines allgemeinen Wesens nach

---

22 Vgl. G.W.F. Hegel, Vorlesungen über die Ästhetik I, S. 373, 375.
23 Vgl. G.W.F. Hegel, Phänomenologie des Geistes, S. 534.
24 Ebd., S. 516, 517.
25 Vgl. G.W.F. Hegel, Enzyklopädie der philosophischen Wissenschaften III, § 560.

kennzeichnet, herzustellen. Dies erfolgt, indem zunächst davon ausgegangen wird, dass es dem Menschen zumindest in der Regel wesentlich ist, zur Reflexion seines Wissens über sich und des in der Welt Vorhandenen imstande zu sein. Wissen über das in der Welt Vorhandene können beispielsweise musikalische Gesetze sein, also Wissen, welches allgemein in einer Gesellschaft als Wissen anerkannt und somit objektives Wissen ist. Und weiterhin ausgehend davon, dass Subjektivität und Objektivität bzw. das Wissen über sich selbst und objektives Wissen eine Einheit bilden und zudem beides von einem Menschen entsprechend reflektiert wurde und nicht nur geglaubt wird, stellt dies nach Hegel absolutes Wissen dar, welches dem absoluten Geist entspricht.[26]

Inwiefern hängt jedoch der absolute Geist bzw. absolutes Wissen, als dem Menschen wesentlichen Vermögen, mit der Musik zusammen? Ein möglicher Ansatz könnte sein, sich einerseits darauf zu stützen, dass der Inhalt der Musik, wie schon mehrfach erläutert wurde, dem entspricht, was ein Musiker aus sich/ seiner Subjektivität heraus entäußert und an Wissen über musikalische Gesetzmäßigkeiten mit in sein musikalisches Werk einbringt. Woraus soll abgesehen davon die Idee von Musik sowie alles was zu deren Realisierung gehört hervorgehen, wenn nicht aus dem subjektiven und objektiven Wissen des Menschen. Daher liegt es nahe, daraus zu schließen, dass Musik eine Art Nachahmung des Geistes des jeweiligen Musikers ist. Diese These schließt sich jedenfalls Hegels Ansicht an, Musik als Kunst sei eine *„[...] konkrete Anschauung und Vorstellung des an sich absoluten Geistes als des Ideals, [...]"*.[27]

Absolutes Wissen/ der absolute Geist ist aber nicht unendlich, weil ein Mensch, sei er noch so klug, nicht alles wissen kann. Somit wirkt sich das auch auf die Musik aus. Musik, Hegels weiteren Bemerkungen zufolge, dementsprechend so komplex sowie beschränkt wie der sie schöpfende Musiker oder Hörer.[28] Anders ausgedrückt, der Musiker ahmt mit Musik seine innere Verfassung nach.

Das allgemeine Wesen der Gattung Mensch wird ebenso im negativen Sinne in der Musik nachgeahmt. Auf musikalischer Ebene erfolgt beispielsweise der Versuch, typische menschliche, sich wiederholende Bewegungs-/ Arbeitsabläufe nachzustellen, um mittels

---

26 Vgl. G.W.F. Hegel, Enzyklopädie der philosophischen Wissenschaften III, § 554.
27 G.W.F. Hegel, Enzyklopädie der philosophischen Wissenschaften III,, § 556.
28 Vgl. G.W.F. Hegel, Enzyklopädie der philosophischen Wissenschaften III, § 556.

Musik zu gewissen Bewegungen anzuregen. Dies geschieht, indem Töne, Rhythmen sowie dazu passende Instrumente gezielt dafür in Kombination miteinander eingesetzt werden. Hegel führt als mögliches Beispiel die Marschmusik beim Militär an.[29] Musik stellt damit gleichermaßen die Nachahmung physischer Abläufe dar.

Wenn sowohl diese Form von gezielt eingesetzter, nachahmender Musik, als auch jene, welche durch Nachahmung der inneren Verfassung eines Menschen berühren soll, entsprechend einfach konstituiert und damit gut für andere Menschen verstehbar ist, kann dies aufgrund des hiermit verbundenen hohen Einflusspotentials auch gefährliche Konsequenzen zur Folge haben. Das heißt, es besteht zumindest die Option, Menschen gezielt aufgrund von musikalischer Nachahmung deren innerer wie äußerer Umstände zu beeinflussen, zu deren Nachteil zu manipulieren und Musik nach Hegel als Machtelement zu missbrauchen,[30] wie es beispielsweise in einigen Kaufhäusern stattfindet, wo gezielt darauf hingewirkt wird, Musik dafür zu missbrauchen, Emotionen in Menschen hervorzurufen, wodurch sie zum Kaufen von Produkten veranlasst werden sollen.

Doch abgesehen von diesem Negativbeispiel können Menschen mit Hilfe von musikalischer Nachahmung positiver menschlicher Stimmungen daran erinnert werden, dass diese in geistiger und physischer Hinsicht wesentlich freie Wesen sind, jedenfalls und bestenfalls in einer Gesellschaft mit Gesetzen, welche die Freiheit des Einzelnen beinhalten. Ein Mensch könnte wegen derart beschaffener Musik möglicherweise soweit emotional beflügelt bzw. in gute Laune versetzt werden, sodass er sich ganz unbeschwert und frei fühlt, sich durch bestimmte Musik zumindest daran erinnert. Hegel behauptet sogar, Musik habe „[...] das innerste subjektive freie Leben und Weben der Seele zu ihrem Inhalt [...]“.[31] Das setzt allerdings bezüglich des Schaffenden einer so verfassten Musik voraus, dass dieser sich als freien Menschen betrachtet und weiß, was Freiheit für ihn sowie in Bezug auf seine kulturelle Gemeinschaft, in welcher er lebt, bedeutet. Dann erst kann dieser ein Gefühl von Freiheit entwickeln und auf die Idee kommen, jenes Gefühl von Freiheit mittels Musik vermitteln zu wollen und damit ein ihm wesentliches Merkmal. Genauer gesagt ahmt die Melodie als musikalisches Ausdrucksmittel das Gefühl, sich als freier Mensch zu fühlen,

---

29 Vgl. G.W.F. Hegel, Vorlesungen über die Ästhetik III, S. 155.
30 Ebd.
31 G.W.F. Hegel, Vorlesungen über die Ästhetik III, S. 161.

nach. Dies bekräftigt Hegel, indem er äußert, die Melodie sei das freie Tönen der Seele auf dem Gebiet der Musik.[32]

Des Weiteren sind dem Menschen, wie mehrfach bereits gezeigt wurde, verschiedene Gefühlslagen und Bedürfnisse wesentlich, nach deren Erfüllung er strebt. Daran angelehnt, könnte behauptet werden, unterschiedliche von Instrumenten wiedergegebene Töne erinnern an diese zahlreichen Stimmungen, Bedürfnisse, spiegeln sie wieder, so wie die Töne der menschlichen Stimme den inneren wie äußeren Zustand eines Menschen klanglich abbilden. Damit klärt sich, weshalb Hegel Instrumente mit der menschlichen Stimme vergleicht. Und zwar weil die menschliche Stimme sämtliche Tonlagen der zahlreichen Instrumente in sich vereint, hohe wie tiefe Töne.[33]

Dieser Logik folgend, ist der gemäß Hegel zwischen Instrumenten stattfindende Dialog, auf welchen in vorigen Ausführungen eingegangen wurde, ebenso auf den Dialog zwischen Menschen übertragbar. Der Mensch ist ein soziales Wesen und bedarf zum Überleben und Austausch einer Gemeinschaft als Lebensumfeld. In Gemeinschaft zu leben ist dem Menschen wesentlich. Daraus ergibt sich die Annahme, dass Hegel, wenn er vom Dialog zwischen Instrumenten spricht, diesbezüglich auf zwischenmenschliche verbale Interaktionen abhebt. Alles zusammen betrachtet, zeigt sich Musik als Nachahmung von menschlicher Kommunikation als eine weitere Möglichkeit des zwischenmenschlichen Dialogs, unter Verwendung musikalischer Mittel anstatt Worte.

3.2. Musik als Abbildung menschlicher Ideale von Schönheit

In diesem Kapitel wird nach und nach versucht, mit Hilfe des Begriffs der Schönheit herauszufinden, ob und inwiefern so etwas wie zeitlose, unabhängig von temporär existierenden Modeerscheinungen, Kriterien für schöne Musik gibt, in subjektiver wie objektiver Hinsicht. Außerdem soll gezeigt werden, inwiefern Kriterien für schöne empfundene Musik aus menschlichen Idealen resultieren.

---

32 Vgl. G.W.F. Hegel, Vorlesungen über die Ästhetik III, S. 185.
33 Ebd., S. 175.

Für Hegel kommt zunächst das Ideal für schöne Musik aus der subjektiven Vorstellung des Einzelnen, wobei dieses Ideal von subjektiven Empfindungen beeinflusst bzw. verklärt ist.[34] Auch Zehentreiter beschreibt, sich dabei auf Arthur Schopenhauer stützend, das Ideal von Schönheit in der Musik als ein Modell subjektiver Vorstellungen, welches der Künstler bzw. Musiker in seinem Werk veranschaulicht.[35]

Gleichzeitig räumt Hegel ein, dass wenn die Kunstform Musik, abgesehen vom emotionalen Erfassen, in ihren Gesetzmäßigkeiten, somit objektiv, verstanden wird, das Schöne daran zu etwas Formellen wird[36] und damit nicht mehr nur subjektiven Vorstellungen zu entsprechen scheint. Bei Zehentreiter klingt das so ähnlich an, wenn er sich auf Richard Wagner beziehend meint, mittels Musik sei es möglich, das in der Welt wesentliche auszudrücken.[37] Dies deutet an, dass er sich dabei auf etwas Allgemeines in der Musik bezieht, wie die Gesetzmäßigkeiten, nach denen Musik harmonisch und damit für das menschliche Gehör schön klingt. Das bestätigt sich mit Zehentreiters weiteren Erläuterungen, in denen er Hanslick deutend behauptet, dass das Schöne an der Musik nicht anhand von abstrakten Vorstellungen darüber abzuleiten sei, sondern von allgemeinen, also in der Regel gültigen, Kriterien/ Idealen bezüglich des Schönen/ Ästhetischen.[38]

Demnach scheint die Beurteilung der Musik als schön/ ästhetisch sowohl von subjektiven als auch objektiven Vorstellungen darüber abhängig zu sein. Subjektive und objektive Ideale vom Schönen in der Musik bilden nach Hegel eine Einheit in der jeweiligen Vorstellung eines Menschen.[39] Von dieser Einheit ausgehend, wird verständlich weshalb Zehentreiter davon ausgeht, Phantasie als Teil der Subjektivität des Einzelnen sei auch eine Vernunfttätigkeit.[40] Dies erscheint unter der Annahme, dass Vernunft aus allgemeinem und somit objektiven Wissen hervorgeht, plausibel.

Verständlich ist ebenso Hegels Aussage, Musik als schön wahrzunehmen hänge außerdem auch von der musikalisch-kulturellen Gewöhnung eines Menschen ab.[41] Zehentreiter fügt

---

34 Vgl. G.W.F. Hegel, Enzyklopädie der philosophischen Wissenschaften III, § 556.
35 Vgl. Ferdinand Zehentreiter, Musikästhetik, S. 45, 46, 56.
36 Vgl. G.W.F. Hegel, Enzyklopädie der philosophischen Wissenschaften III, § 559.
37 Vgl. Ferdinand Zehentreiter, Musikästhetik, S. 63.
38 Ebd., S. 89.
39 Vgl. G.W.F. Hegel, Phänomenologie des Geistes, S. 532.
40 Vgl. Ferdinand Zehentreiter, Musikästhetik, S. 82.
41 Vgl. G.W.F. Hegel, Vorlesungen über die Ästhetik III, S. 171.

dem ergänzend hinzu, dass es zudem noch auf die Eigenarten des Materials ankomme.[42] Das bedeutet bei verschiedenen Instrumenten mit unterschiedlichen klanglichen Eigenschaften, dass jedes dieser Instrumente auf seine Weise schön klingt, als schön wahrgenommen werden kann.

Und auf je ihre Weise scheinen Menschen Schönheit in der Musik aufzufassen, je nach ihrer subjektiven geistigen Beschaffenheit. Daher bleibt fraglich, ob und wie zeitlos schöne Musik existiert. Hegel geht von einem steten Streben nach musikalischer Perfektion sowie Unendlichkeit bzw. Zeitlosigkeit aus.[43] Ein mögliches Kriterium für zeitlos schöne Musik scheint seiner Auffassung nach einerseits darin zu liegen, dass der Musiker und Betrachter dieses selbst in das musikalische Werk hineindenken[44] und andererseits allgemeine Kriterien wie musikalische Gesetzmäßigkeiten, nach denen Musik schön und harmonisch klingt, als Kriterien für zeitlos schöne Musik anzusetzen. Wenn der Einzelne dabei reflektiert, was genau Schönheit in der Musik für ihn ausmacht, besteht die oben erwähnte Einheit subjektiver sowie objektiver Kriterien für das musikalisch Schöne als absoluter Geist bzw. die Trias des Geistes.

Zusammenfassung/ abschließende Betrachtungen

Abschließend und diese Projektarbeit zusammenfassend bleibt festzuhalten, dass die Wahrnehmung vom Schönen in der Musik sehr stark von der subjektiven Einschätzung des Einzelnen abhängt. Aber sowohl Hegel als auch Zehentreiter weisen darauf hin, dass objektive Kriterien, wie musikalische Gesetzmäßigkeiten, zur Beurteilung von Musik hinzukommen müssen.

Wenn Musik von Menschen entweder nur subjektiv oder objektiv beurteilt werden würde, entspräche dies beiden, Hegel und Zehentreiter, zufolge einer verkürzten Beurteilung von Musik und käme lediglich eine recht oberflächlichen Wertung von Musik als schön gleich.

Um einer verkürzten Beurteilung vorzubeugen, ist es nur allzu verständlich, dass Hegel und Zehentreiter meinen, der Inhalt eines musikalischen Werkes müsse von anderen Menschen klar verstehbar sowie kontextbezogen sein, kontextbezogen im Sinne von anschlussfähig an die Welt bzw. der musikalische Inhalt muss dem in der Welt Vorhandenen entsprechen und auf das Wesen

42 Vgl. Ferdinand Zehentreiter, Musikästhetik, S. 81.
43 Vgl. G.W.F. Hegel, Enzyklopädie der philosophischen Wissenschaften III, § 561.
44 Ebd., S. 562.

des Menschen bezogen sein, auf dessen Gefühle beispielsweise.

Selbstverständlich darf ein Musiker nicht bei der Vermittlung seiner subjektiven Verfassung stehenbleiben und muss musikalische Gesetzmäßigkeiten mit in sein Musikstück integrieren, um nach Hegel sowie Zehentreiter ein wahres Kunstwerk hervorzubringen.

Musik als besondere Form von Sprache, nur ohne Worte, durch Zusammenspiel verschiedener Instrumente zeichnet ebenfalls, wenn dies darzustellen dem Musiker gelingt, ein großes Kunstwerk aus.

Was bei Hegel jedoch in besonderem Maße ein wahres Kunstwerk auszeichnet, ist das Gefühl des sich frei Fühlens beim Hören der dementsprechenden Musik. Musik als den Menschen in höhere Sphären versetzendes Element, dass den Menschen emotional beflügelt, kann ein sehr einflussreiches sowie demzufolge auch heilsames Mittel sein, heilsam im Sinne von, dass sich betrübte Menschen gegebenenfalls wieder besser fühlen. Davon abgesehen kann mit Musik auch im negativen Sinne Einfluss auf das Fühlen und Handeln von Menschen ausgeübt werden, was ein spannendes Thema für eine weitere Projektarbeit wäre.

Literaturverzeichnis

G.W.F. Hegel: Phänomenologie des Geistes, I. Auflage, Frankfurt/Main: suhrkamp taschenbuch wisschenschaft, 1986

G.W.F. Hegel: Enzyklopädie der philosophischen Wissenschaften III, I. Auflage, Frankfurt/Main: suhrkamp taschenbuch wissenschaft, 1986

G.W.F. Hegel: Vorlesungen über die Ästhetik I, I. Auflage, Frankfurt/Main: suhrkamp taschenbuch wissenschaft, 1986

G.W.F. Hegel: Vorlesungen über die Ästhetik III, I. Auflage, Frankfurt/Main: suhrkamp taschenbuch wissenschaft, 1986

Ferdinand Zehentreiter: Musikästhetik. Ein Konstruktionsprozess, Wolke Verlag Hofheim, 2017